Körper-Abstraktionen

Dietmar Kamper

1st International Flusser Lecture

Dietmar Kamper

Körper-Abstraktionen
Das anthropologische Viereck von
Raum, Fläche, Linie und Punkt

15. Juni 1999
Kunsthochschule für Medien Köln

Herausgeber:
_Vilém_Flusser_Archiv, Kunsthochschule für Medien Köln

Redaktion:
Silvia Wagnermaier und Siegfried Zielinski
mit Hans Ulrich Reck

Gestaltung: Andreas Henrich

Verlag der Buchhandlung Walther König, Köln
ISBN 3-88375-408-0
© 1999

Körper-Abstraktionen

Das anthropologische Viereck von Raum, Fläche, Linie und Punkt

Dietmar Kamper

„Raum – das sind meine Schmerzen."
(Vilém Flusser)

Es begann mit einem Auftritt Vilém Flussers in einer Lehrveranstaltung, die ich zu Anfang der neunziger Jahre zusammen mit Norbert Bolz an der Freien Universität Berlin abhielt. Flusser führte vor, was die aktuelle Obsession seines Denkens war. Er ging, auf dem Hörsaal-Podium gestikulierend, zurück, bis er mit dem Rücken an die Tafel stieß. Dann ging er wieder nach vorne bis an die Rampe und dozierte über Techno-Imagination und die synthetischen Bilder. Er ging in vier Schritten zurück und performierte mit seinem Körper die historischen und biographischen Körper-Abstraktionen, die er auch in seinen späten Schriften immer wieder schreibend darstellte. Ich gestehe, daß mir diese Performanz der vermeintlichen Fortschritte des Menschengeschlechts als Rückschritte bis zu der Wand, an der es nicht mehr weiterging, einen so großen Eindruck machte, daß ich auf die Fortsetzung der Vorlesung nicht achtete. Und nach wie vor erscheinen mir die Flusser'schen Vorschläge, wie der Rückgang aus den historischen Rückschritten der Abstraktion bewerkstelligt werden kann, nicht überzeugend. Er hat ihre unzulängliche Form auch immer selbst beklagt und zugleich andere aufgefordert, es besser zu machen. Ich glaube, daß die Diagnose des Desasters, wie er sie – ohne Visier – in den nachgelassenen Büchern und in seinen temperamentvollen Auseinandersetzungen mit – von ihm so genannten – „pessimistischen Kulturkritikern" geleistet hat, wichtiger ist als die Therapie. Denn selten wurde die Lage, in der die Menschen von ihren Artefakten abhängig und als Subjekte ihnen unterworfen sind, derart unvoreingenommen dargestellt und vorgeführt wie vom späten Flusser. Er tat dies ohne Rücksicht auf die Chancen einer „Bewältigung". Erst die Entschiedenheit, das Hinderliche und Widerliche so klar und deutlich wie möglich zu machen, hat dafür gesorgt, daß Vilém Flusser in Rücksicht auf die „Neuen Medien" und die gegenwärtige Revolution der Zeichen nicht in die dumme Alternative von „Befürwortern" und „Bedenkenträgern" eingeordnet werden kann.

Eine zweite Berührung fand wenig später beim Lesen einer Passage seiner Unterscheidung der beiden „Einbildungskräfte" statt, der traditionellen Imagination und der neuen „synthetischen Einbildungskraft", die Flusser im Rahmen seiner „negativen Anthropologie" exponierte. Ich selbst hatte seit vielen Jahren versucht, Verständnis für einen Satz zu finden, der mir angesichts der wachsenden Ambivalenzen einleuchtete: „Gegen das Imaginäre - als fast perfektes Gefängnis der Freiheit - hilft nur die Einbildungskraft." Flusser faßte seine Überlegungen wiederum nach dem Muster von Stationen der Menschwerdung zusammen: „Bei diesem Versuch, die beiden Einbildungskräfte voneinander zu unterscheiden, ist eine Reihe von Gesten zu Worte gekommen, welche, in ihrer Gesamtheit gesehen, ein Bild der Menschheitsentwicklung bieten. Etwa so: Zuerst trat man aus der Lebenswelt zurück, um sie sich einzubilden. Dann trat man von der Einbildungskraft zurück, um sie zu beschreiben. Dann trat man von der linearen Schriftkritik zurück, um sie zu analysieren. Und schließlich projiziert man aus der Analyse dank einer neuen Einbildungskraft synthetische Bilder. Selbstredend: diese Reihe von Gesten ist nicht als eine lineare Reihenfolge zu sehen. Die einzelnen Gesten lösen einander nicht ab und auf, sondern überdecken einander und greifen ineinander. Es wird, neben dem Synthetisieren von Bildern, weiter gemalt, geschrieben und analysiert werden, und diese Gesten werden miteinander in nicht voraussehbare Spannungen und gegenseitige Befruchtung treten. Aber was uns hier und jetzt existentiell angeht, ist der mühselige Sprung aus dem Linearen ins Nulldimensionale (ins „Quantische") und ins Synthetisieren (ins Komputieren), den wir zu leisten haben. Die an uns gestellte Herausforderung ist, den Sprung in die neue Einbildungskraft zu wagen." (Vilém Flusser: „Eine neue Einbildungskraft", in: Volker Bohn, Hrsg., *Bildlichkeit. Internationale Beiträge zur Poetik*, Frankfurt 1990, S.125)

Das klingt am Schluß wie ein Hilferuf. Kommt ins Offene, Freunde! Verständigen wir uns über die Zwänge. Akzeptieren wir die Abhängigkeiten, aber nicht als Ziele, sondern als Voraussetzungen, unseres Standes, unserer Lage, unseres Falles, unseres Sturzes ins Bodenlose. Hört auf die Worte, seht die Metaphern! Wir haben nichts anderes. – Eine weitere Begegnung fand anläßlich einer jener Sommerakademien in der

Akademie der Künste in Berlin statt, die Peter Lilienthal seit 1989 dort veranstaltete. Vilém Flusser erzählte strahlend von den neuen Möglichkeiten der Techno-Imagination, daß man nun alles, was es gibt, in ein Bild verwandeln könnte. Ich fragte abrupt, ob er auch seine Frau in ein solches synthetisches Bild transformieren wollte. Er sagte lakonisch: „Die doch nicht. Die muß mir doch zuhören, wenn ich rede." Seltsamerweise kommen Hören und Sprechen zunächst nicht im Tableau der verketteten Stationen vor. Hat Flusser sie vergessen oder bewußt ausgelassen?

Jedenfalls hat er gegen Ende seines Lebens diesen Prozeß immer wieder beschrieben, der im Gegenlauf zum investierten Selbstverständnis nicht nach oben, ins Licht, sondern eine „Treppe hinab" führt und somit eine De-Eskalation darstellt. Dem Charakter nach handelt es sich um einen Zwangsverlauf, der von Station zu Station demjenigen, der ihm folgt, den Anschein einer fortschreitenden Befreiung bietet. Wenn man jedoch die Hegel'sche Vorschrift: „Geist ist Fortschritt im Bewußtsein der Freiheit!" von außen wahrnimmt, ist sie buchstäblich verkehrt. Man endet mit dem Geist, als Abstraktion vom Körper verstanden, nicht im absoluten Wissen, sondern bei nichts, klein geschrieben. „Die langsame und mühselige kulturelle Entwicklung der Menschheit läßt sich als ein schrittweises Zurückweichen von der Lebenswelt, als schrittweise zunehmende Entfremdung betrachten. Mit dem ersten Schritt zurück aus der Lebenswelt – aus dem Kontext der den

Menschen angehenden Dinge – werden wir zu Behandlern, und die daraus folgende Praxis ist die Erzeugung von Instrumenten. Mit dem zweiten Schritt zurück – diesmal aus der Dreidimensionalität der behandelten Dinge – werden wir zu Beobachtern, und die daraus folgende Praxis ist das Bildermachen. Mit dem dritten Schritt zurück – diesmal aus der Zweidimensionalität der Imagination – werden wir zu Beschreibern, und die daraus folgende Praxis ist das Erzeugen von Texten. Mit dem vierten Schritt zurück – diesmal aus der Eindimensionalität der alphabetischen Schrift – werden wir zu Kalkulierern, und die daraus folgende Praxis ist die moderne Technik. Dieser vierte Schritt in Richtung totaler Abstraktion – in Richtung der Nulldimensionalität – ist mit der Renaissance geleistet worden, und gegenwärtig ist er vollzogen. Ein weiterer Schritt zurück in die Abstraktion ist nicht tunlich: Weniger als nichts kann es nicht geben. Daher wenden wir sozusagen um 180 Grad und beginnen, ebenso langsam und mühselig, in Richtung des Konkreten (der Lebenswelt) zurückzuschreiten. Daher die neue Praxis des Komputierens und Projizierens von Punktelementen zu Linien, Flächen, Körpern und uns angehenden Körpern." (Vilém Flusser: *Vom Subjekt zum Projekt. Menschwerdung,* Frankfurt 1998, Seite 21f.)

Mich interessiert an dieser Stelle die möglichst präzise Erfassung der historischen Figurationen, wie sie sich objektiv und subjektiv gegen Bewußtsein und Wille der Menschen durchgesetzt haben, ohne bei solcher Analyse die „Kehre" am Nullpunkt der Geschichte abzublenden. Denn hier handelt es sich fürwahr um ein Geschehen „hinter dem Rücken", das die Menschen mitnimmt, obwohl sie etwas anderes wissen, obwohl sie etwas anderes wollen. Noch ist das Geschehen nicht am Ende, noch vollstreckt sich der Prozeß, noch hat die Geschichte nicht ihre schlimmste Wendung genommen. Noch firmiert sich erst der Nullpunkt zu einem Dreh- und Angelpunkt. Es mag sein, daß Vilém Flusser seine Diagnosen, wie es dazu kommen konnte, nur zum Zwecke seiner therapeutischen Vorschläge des Entkommens unternommen hat. Sie nehmen allerdings nach und nach einen immer größeren Platz ein und haben bald etwas Vorlautes. Außerdem widerstreiten sie den gängigen Selbstverständnissen in der Hauptsache, so daß die genaue Kenntnis der Körper-Abstraktionen als einer geschichtlichen „Abmagerung" der Erkenntnis geradezu unerläßlich ist für die Beschreibung der Rückkehrbewegungen, die Flusser als eine Folge von „Projizierungen" beschreibt. Vom Subjekt zum Projekt – das heißt: aus der Unterwürfigkeit zur Aufrichtigkeit, das heißt: nach dem Sprung in die neue Einbildungskraft nicht mehr die alten Fehler machen. Daß dies nicht auf Anhieb gelingt, sei konzediert. Aber alles würde schließlich trotz bester Absicht die alte Richtung wieder einnehmen, wenn die Kehre, Drehung, Wendung, „Rückkehr stromauf" nicht als ein Umzug ins Offene organisiert werden kann. „Erst wenn man beim Stolpern darauf kommt, daß man ein Subjekt ist, kann man zu projizieren beginnen. Erst wenn man darauf kommt, daß man unterworfen ist, kann man beginnen, sich zu entwerfen. Und so gewinnt, unter dem Zeichen des Stolperns, der Begriff ‚Aufrichtigkeit' eine volle Bedeutung: als jene Einstellung, die angenommen wird, wenn man beim Empören aus der Niedertracht stolpert und dann versucht, sich aus einem Subjekt in ein Projekt zu entwerfen. ‚Aufrichtigkeit' also nicht eigentlich als Empörung gegen, sondern eher als Entwurf für." (A.a.O. S. 275)

Im Rahmen eines gemeinsamen Projektes mit Hans Belting über „Bild und Körper" haben im Laufe des Sommersemesters 1999 an der Hochschule für Gestaltung in Karlsruhe vier Veranstaltungen stattgefunden, in denen das nachgelassene Exposé Vilém Flussers ausführlich durchgenommen wurde. Ich hatte seit mehreren Jahren auf Nachfrage behauptet, daß ich im Unbewußten heftig mit der Ausarbeitung des „anthropologischen Vierecks" beschäftigt sei. Und in der Tat sind fast alle größeren Publikationen der vergangenen sieben Jahre nach dem Muster dieses „Vierecks" angeordnet: Körper, Bild, Schrift/Sprache, Zeit. Deshalb wollte ich es nun wissen und hatte mir für Karlsruhe eine besondere theoretische Anstrengung vorgenommen: wie das menschliche „In der Welt Sein" nach dem „einfachsten" Zusammenhang der objektiven und der subjektiven Bedingungen zu denken sei. Wie leben und sterben die Menschen mit und an: Raum, Fläche, Linie, Punkt? Mir schwebte während der Monate Mai und Juni 1999 folgende Formel vor, nun in Flusser'scher

Diktion: „Wir müssen uns aus der Untertänigkeit ins
Entwerfen aufrichten. Als Subjekte sind wir unseren
Artefakten unterlegen, als Projekte können wir aufrich-
tig sein, d.h. griechisch „anthropos", Mensch. Es geht
aus Rückschritten zurück. Wir sind nämlich buchstäblich bei „nichts" angekommen, in der Nulldimension
des numerischen Denkens. Das war ein weiter Weg.
Wir müssen ihn zurückgehen: bis in die Körperwelt, in
der wir Körper von Körpern sein können. Der Weg ging
nämlich rückwärts, aus dem Raum auf die Fläche, von
dort in die Linie und von dort zum Punkt. Oder lebens-
weltlicher, existentieller: vom Körper auf die Bildfläche,
vom Bild in die Schriftlinie, von der Schrift zum Zeit-
punkt, in die Nulldimension einer unmöglichen Gegenwart."

Wie das Verhältnis dieser Dimensionen, an denen die
Menschen spürend, sehend, schreibend und klaubend
teilhaben, dargestellt werden kann, ist eine Frage, die
noch nicht zufriedenstellend beantwortet ist, die auch
Vilém Flusser offen gelassen hat. Es ist die Frage nach
Struktur und Genese, nach Topologie und Geschichte
der Körper-Abstraktionen, sofern sie nicht nur Gegenstand der Erkenntnis, sondern auch Bedingung der
Möglichkeit von Erkenntnis sind. Bei der Arbeit an dieser empirisch-transzendentalen Frage darf man nämlich
nicht unterschlagen, daß normalerweise von der Linie
aus, bestenfalls auf der Fläche geschrieben und
gedacht wird. Aber die Fläche kann aufgrund ihrer
geminderten Dimensionalität die Lebenswelt und erst

Recht Wirklichkeiten mit n-Dimensionen nur mit großem Verlust darstellen. Das funktioniert auch, wenn man es vergessen hat und man nicht weiß, was man tut. Man müßte, um sich selbst zu erinnern, einen Kasten bauen, der zugleich Modell ist – eine Art Zauberkiste, um die Abstraktionen dennoch zu vermeiden, die beim Nachdenken über Abstraktionen unvermeidlich sind. Das Ganze wäre zwar dann keine Quadratur des Kreises, wohl aber eine Zirkulation des Vierecks. Man könnte anknüpfen an älteste Versuche des Denkens, mit sich selbst ins Reine zu kommen.

Die Welt ist offenbar nicht nur nach Zahl, Maß, Gewicht geordnet, sondern auch nach Raum und Zeit. Hier sind es vier Dimensionen, die – vor allem in ihrem Verhältnis – viel zu denken geben. Abstrakt-geometrisch formuliert, heißen die Dimensionen: Raum, Fläche, Linie, Punkt. Der Raum ist dreidimensional, die Fläche zweidimensional, die Linie eindimensional, der Punkt gehört in die „Nulldimension". Vorsichtig bestimmt, „besteht" der Raum aus Flächen, die Fläche aus Linien, die Linie schließlich aus Punkten. Der Punkt „besteht" aus nichts. Mit Blick auf das „anthropologische Viereck" formuliert, heißen die Dimensionen: Körper-Raum, Bild-Fläche, Schrift-Linie, Zeit-Punkt. Das bringt eine andere Dynamik und möglicherweise einen anderen Ausgangspunkt ins Spiel. Die übliche Rede vom Raum-Zeit-Kontinuum ist völlig unzulänglich, es sei denn man hält es für möglich, daß ein Kontinuum ein Behälter für lauter Diskontinuitäten ist. Denn der „Übergang" zwischen den markierten Dimensionen ist, genau betrachtet, ein Abgrund. Dadurch wird der Zusammenhang noch uneinsichtiger, als er ohnehin schon ist. Außerdem kommt man bei der Bestimmung des „Vierecks" mit vier Markierungen nicht aus. Wohin gehört die Sprache? Geradezu hyperkomplex wird die Sachlage, wenn die dimensions-spezifischen menschlichen Fähigkeiten berücksichtigt werden sollen. Hier seien sie wie folgt benannt: Spüren im Körper-Raum; Sehen auf der Bildfläche; Schreiben in der Schrift-Linie, Klauben am Zeitpunkt. Lesen gehört zu Schreiben, Rechnen zu Klauben. Was aber ist mit Sprechen und Hören? Es besteht der dringende Verdacht, daß die Ordnung nach Raum und Zeit nicht ohne diese „Kompetenzen" zustande kommen kann, daß also die Werkzeuge, Instrumente und „Medien" für die Dimensionen und ihren Zusammenhang ausschlaggebend sind. Für das Machen und das Verstehen des Gemachten. Raum und Zeit an sich gibt es nicht. Denn der Raum kann tot sein und die Zeit mit sich selbst überworfen.

In Betracht der Wortbedeutung von „Abstraktion" ist auffallend, daß von Anfang an eine Konfrontation von Denken und Körper im Spiel ist. Konkret heißt das Zusammengewachsensein beider, abstrakt dagegen die Trennung. Denken nimmt die Form des Allgemeinen an, der Körper aber wird als Stoff, als Materie gesetzt und damit als das Besondere, von dem „abgesehen" werden muß, da es zuletzt unerkennbar, undenkbar ist. „Abstrahere" heißt im Lateinischen absehen, wegse-

hen, wegnehmen, wegziehen, trennen, absondern, her-
auslösen, fortschleppen, rauben usf. Zunächst war die
Abstraktion den Namen, der Welt der Namen vorbehal-
ten, als erste Markierung eines Unterschieds, später
wurde sie auf die Erkenntnis insgesamt ausgedehnt.
Was sich durchhält ist die Doublette. Abstraktion
bedeutet, daß immer Zwei im Spiel sind, Zweifel, aber
auch Verzweiflung über den wachsenden Abstand zwischen dem Denken und seinem Gegenüber, dem Körper. Das abstrakte Denken minimiert mit Notwendigkeit
die Fülle, zieht ab und zieht ab bis auf die Knochen.
Was wunder, daß schon früh ein Widerspruch gegen
eine derart „blutleere" Abstraktion sich meldete und
Konzepte erarbeitet wurden, „durch die Eiswüste der
Abstraktion zum konkreten Philosophieren bündig zu
gelangen" (Nietzsche, Benjamin, Adorno u.a.) Trotz
Hegels Apotheose, daß der Verstand, als Vermögen der
Abstraktion, die ungeheure Kraft des Negativen sei und
die Fähigkeit, das Tote festzuhalten und es am äußersten Punkt des Verlustes des Körpers ins Leben des
Geistes umzudrehen, hat es in der Folge trotz mannig-
facher Artikulation der Widersprüche keine wirkliche
Chance gegeben, das Zwanghafte an der De-Eskalation
der kataraktähnlichen Abstraktionen aufzubrechen, um
wieviel weniger rückgängig zu machen. Selbst White-
heads leidenschaftliches Plädoyer hat nicht viel bewirkt:
„Denken ist abstrakt; und die unduldsame Verwendung
von Abstraktionen ist das Hauptübel des Intellekts.
Diese Krankheit wird durch den Rückgriff auf die kon-
krete Erfahrung nicht vollständig geheilt." (Alfred North

Whitehead: *Wissenschaft und moderne Welt,* Frankfurt 1988, S. 30) Man muß sich vielmehr mit den Kategorien des rechnenden Verstandes selbst beschäftigen und zwar durch Mobilisierung der anderen Vermögen: Lesen, Sehen, Hören, Spüren. Dabei wäre die innere Vervielfältigung als Chance zu nehmen. Schon Thomas von Aquin hatte die Erzeugung von abstracta der menschlichen Betrachtung, nicht dem Gegenstand zugeschrieben: non separata, sed separatim. Erst eine solche Akzentuierung öffnet den Blick für Genese und Struktur der abstrakten Welt, die gegenwärtig als imaginäre Doublette der realen Welt bis ins Unendliche sich ausdehnt. Im Rahmen der herkömmlichen Fortschrittsphantasien kann sie jedoch nicht als solche durchschaut werden. Das gilt vor allem für die Produkte. Das „Blutleere" bekommt ein Eigenleben: die reale Gespensterwelt, die sekundäre Realität der Phantasmen. Noch sieht es aus wie eine Wiederkehr des Verdrängten. Aber aus dem Verworfenen tauchen im Realen die ersten Widergänger auf, von denen man nicht weiß, ob sie tot oder lebendig sind.

Deshalb sollte man die historisch und strukturell wirksamen Körper-Abstraktionen, Abstraktionen vom Körper von Anfang an, ins Verhältnis setzen: Körper/Raum; Bild/Fläche; Schrift/Linie; Zeit/Punkt; und sich jederzeit darüber im Klaren sein, in welcher der Dimensionen man sich aufhält und agiert. Man kann hier Vilém Flusser sehr weit folgen, seiner „negativen Anthropologie" der Bodenlosigkeit. Am äußersten Punkt der computier-

ten Zeit wächst der Schmerz des Vermissens, der Ent-
behrung, des Mangels. Die Leere der Gegenwart wird
schier unerträglich. Diese Absenz markiert im fortge-
schrittensten Medium eine unüberwindliche Grenze der
menschlichen Eigenmacht. Hier hat das alte Modell von
„Subjekt-Objekt" ausgespielt. Der Mensch wechselt
von der Konfrontation zur Manchfaltigkeit, in die er sich
verwickelt weiß. Die Welt schlägt um vom Gegenstand
zum Horizont. Flusser hat, zunächst bei seiner Konzep-
tion einer „neuen Einbildungskraft", später in seiner
nachgelassenen „Menschwerdung, vom Subjekt zum
Projekt", pointiert von einem solchen Umschlagen
gesprochen, dem - da wir buchstäblich bei „nichts"
angekommen seien – zu folgen sei. Der Weg aus den
Rückschritten zurück, aus den Rückschritten vom
Raum auf die Fläche, von der Fläche in die Linie, von
der Linie zum Punkt (und von dort aus in die Nulldimension), müsse in die umgekehrte Richtung gegangen
werden: vom Zeit/Punkt zur Schrift/Linie, von der
Schrift/Linie auf die Bild/Fläche, von der Bild/Fläche in
den zeitlichen Körper/Raum (und von dort aus in die
vierte und die n-te Dimension). Nur diesem Weg,
einem Rückweg aus Rückschritten dürfe der Titel
„Menschwerdung" zuerkannt werden. Alles käme also
darauf an zu spüren, von welchem Abstraktionsniveau
aus man die Verhältnisse betrachte. Denn das Denken
der Körper-Abstraktionen stehe nicht außerhalb der Körper-Abstraktionen. Das „anthropologische Viereck" von
Zeit, Schrift, Bild, Körper sei zwar auch „gegenständlich", aber vielmehr „methodisch", oder genauer

„methodologisch" relevant. Es fordere ein Denken, das für sich selbst keinesfalls mehr die Ausnahme von der Regel beansprucht, die es aufstellt. – Genau dies hat Vilém Flusser zu leisten versucht. Eine Herausforderung an alle nachdenklichen Zeitgenossen. Seitdem kann Denken ebenso prekär wie prägnant sein.

Zweierlei muß noch ergänzt und den Flusser'schen Anstrengungen hinzugefügt werden: erstens eine möglichst präzise Übersetzung des „anthropologischen Vierecks" in Richtung der beteiligten menschlichen Interaktions-Kompetenzen: Rechnen (für die Dimension „Zeit/Punkt"); Schreiben (für die Dimension „Schrift/Linie"); Sehen (für die Dimension „Bild/Fläche"); Spüren (für die Dimension „Körper/Raum"); und zweitens eine Fokussierung der Aufmerksamkeit auf den Übergang von Bild und Körper, was die Annahme einer weiteren Dimension, nämlich „Sprach/Raum" bzw. „Sprach/Fläche", und einer entsprechenden Kompetenz: Hören bzw. Sprechen nach sich zieht. Schrift und Sprache können nicht, wie Flusser es gelegentlich tut, in einer einzigen Dimension kontaminiert werden. Das fällt auf, wenn man Bild und Körper sowohl gegenständlich als auch methodisch situiert, und zwar zwischen Sehen und Spüren. Es sei zugegeben, daß auch die anderen Übergänge des „anthropologischen Vierecks" wegen der Sprunghaftigkeit undeutlich und unklar sind, aber zwischen Bild und Körper, zwischen Sehen/Wissen und Hören/Spüren gibt es derzeit geradezu einen Problemstau. Was ist geschehen beim

regressiven Ausstieg vom Körper/Raum auf die Bild/Flä-
che? Was geschieht und was wird geschehen beim
progressiven Rückstieg vom Bild zum Körper, vom
Sehen zum Spüren? Ist das Unsichtbarwerden der Bilder ein Problem für das Ohr, für sein Hören und seinen
Gleichgewichts-Sinn? Taucht ein Schwindel auf?

Ich bemühe mich, folgendes anzuschreiben, ohne die
Balance zu verlieren:

Drei, Zwei, Eins, Null
Raum, Fläche, Linie, Punkt
Körper, Bild, Schrift, Zeit
Spüren, Sehen, Lesen, Rechnen

Vilém Flussers These von der historischen Wirksamkeit
der Körper-Abstraktionen suggeriert eine Epochenkette,
die in abfallender Linie die Höhe der Dimensionalität zu
einer Leitgröße des Zivilisationsprozesses macht. Es
geht beim Fortschritt zurück von der Dreidimensionalität zur Dimension Null, vom Körper-Raum zum Zeit-
Punkt. Zwar hören die höher dimensionierten Welten
und Wahrnehmungen nicht auf, verlieren aber fort-
schreitend an Wert. Spüren hat also wie Sehen und
Lesen unter den Bedingungen der Zivilisation eine
degressive Karriere. Wenn alles auf den Punkt gebracht
ist und die menschliche Erfahrung schließlich vom
buchstäblichen zum numerischen Denken umcodiert
ist, gerät die leidende und handelnde Menschheit ins
nichts. Dann ist ein weltloser Geist (Mensch) mit einem

geistlosen Körper (Erde) in unüberbrückbarer Relation
konfrontiert – „Gipfel„ und Ende des Cartesianismus.
Im Streit mit den „Kulturkritikern" artikuliert Flusser
nun seinen Widerspruch gegen die Zwangsläufigkeit
der Abstraktion. Ende und Zweck der menschlichen
Geistestätigkeit auf Erden könne nicht die endgültige
Vernichtung des Stoffs, der Materie, des Körpers sein.
Die Moderne, die Neuzeit, die Geschichte müßten
einen anderen Sinn haben als den, im Bewußtsein des
absoluten Wissens das radikale kleingeschriebene
nichts ins Feld geführt zu haben. Das wäre nichts als
ein unaufklärbarer Wahn, eine selbstverordnete Dumm-
heit von höchsten Graden, welche die Freiheit mit der

Vernichtung verwechselt. „Unabhängigkeit ist Wahn-
sinn," schreibt Flusser, selbst dann, wenn sich daraus
eine massenhafte „Realität" ergeben habe, die ihre
Massenhaftigkeit mit der Gewißheit verknüpft, sich
nicht irren zu können.

Man soll und muß sich aber fragen, wie es dazu kommen konnte und worin der Antrieb eines solch weltum-
spannenden Nihilismus des Denkens mit seinen realen
Zerstörungen bestand und besteht. Meine darauf
gemünzte These lautet: Es ging und geht um die Nicht-
beachtung der Grenze der Eigenmacht des Menschen,
der Grenze seines Könnens, seines Nicht-Könnens
durch ihn selbst. Die permanente Überschreitung hat
längst katastrophale Folgen, die aber immer noch auf
andere Ursachen und Urheber abgewälzt werden. Doch
die selbstproduzierten Klemmen wachsen sich aus, und

zwar zu einer Kette der Selbststrangulierung. Diese Macht des Menschen und ihre Grenze an je spezifischen Unmöglichkeiten durchlaufen historisch eine Eskalation. In jeder der genannten Dimensionen wird ein Versuch der Bemächtigung unternommen, der mißlingt. Das Mißlingen wird jedoch nicht als Anlaß zu einer Kritik der Macht genommen, sondern verleugnet, verdrängt und verworfen, damit eine weitere Verschärfung der Abstraktion stattfinden kann. So entsteht das Unbewußte mit seinen blockierenden, ironisierenden und absurden Rückkopplungen. Bis zum Punkt Null.

Es wird meines Erachtens nicht helfen, nun, an der Mauer des Unmöglichen, die verbliebenen Kapazitäten aus den weniger abstrakten Dimensionen zu mobilisieren, wie es fast alle zivilisationskritischen Gegenbewegungen tun, also beim Lesen, Sehen, Spüren Anleihen zu machen, ohne die durch exklusives Rechnen determinierte, aktuelle Sachlage zu ändern. So bliebe es beim inzwischen langweilig gewordenen Kultur-Recycling, das auch Flusser unablässig beklagt. Vielmehr wäre ein Umcodieren des beim Umcodieren aufgetauchten Scheiterns fällig. Was dann auch rückwirkend für die vorausgehenden Abstraktionsstufen gelten würde. Dabei geht es um eine unpathetische Angelegenheit. Scheitern nicht als Klage vor dem Höchsten, dem Jüngsten Gericht, Scheitern vielmehr als die beschriebene Prozeßform menschlicher Erkenntnis, die passiert ist, und die ex post, vom Dreh- und Angelpunkt der Null, des nichts, des Null- und Nichtigen aus als eine Art Sonnenuntergangsrichtung bestimmbar wird. Dementsprechend besteht die Schwierigkeit beim „Rückschreiten aus Rückschritten", wie Flusser die „Menschwerdung" nennt, in zweierlei: erstens darin, den Fall des Menschen von der Drei, vom Körper in die Null, ins nichts besser zu verstehen, vor allem seine Zwangsläufigkeit, im Ganzen und im Einzelnen; zweitens darin, die menschliche Eigenmacht als infantiles Syndrom zu denunzieren und zu erklären, wie es dazu kommt, daß der „erste Freigelassene der Schöpfung" (Herder, Gehlen) auf die von ihm stets neu erzeugte Unerträglichkeit der Welt und auf sein eigenes Elend darin, auf seine „selbstverschuldete Abgerissenheit"

(Anders) immer nur mit einem neuen Wahn seiner vermeintlichen Gedankenallmacht geantwortet hat.

Man kann die bei Vilém Flusser fehlenden Kompetenzen: Sprache, Hören und Sprechen dann unterbringen, wenn man das „Viereck" der Dimensionen: Körper-Raum, Bild-Fläche, Schrift-Linie, Zeit-Punkt in den Horizont einer anderen Zeit stellt und es dann vom Horizont aus, d.h. von den Sinnen des Körpers her schematisiert. So ergibt sich folgendes Schema, das aber wegen seiner nur flächigen Auslegung sogleich wieder durchgestrichen werden muß:

nicht-dimensional	drei-dimensional	zwei-dimensional	ein-dimensional	null-dimensional
(Leib)	**Körper**	**Bild**	**Schrift**	**(Un)Zeit**
Spüren	Hören/Sprechen	Sehen	Schreiben/Lesen	Rechnen
Haut	Ohr/Stimme	Auge	Auge/Hand	Gehirn
Zeit-Raum	**Raum**	**Fläche**	**Linie**	**Punkt**

Um die Kompaktheit des Schemas wenigstens andeutungsweise zu öffnen, wäre ein Zitat des anderen großen Phänomenologen der Gegenwart hilfreich. Dadurch könnte deutlich werden, wie das „anthropologische Viereck" in einem „Fünfeck" aufgehoben ist. „Der Leib ist unteilbar flächenlos ausgedehnt als prädimensionales, d.h. nicht bezifferbares dimensioniertes, z.B. nicht dreidimensionales Volumen, das in Engung und Weitung Dynamik besitzt." (Hermann Schmitz: *Der Leib, der Raum und die Gefühle*, Stuttgart 1998, S. 12f.). Weitung jedoch kann erst nach dem Durchgang durch die engste Pforte gelingen. Bis dahin wird es immer enger.

Denn die Körper-Abstraktionen installieren sich in der Zivilisationsgeschichte wie eine schrittweise Entfernung der Körper, von der Fülle zur Leere, von der hochdimensionierten Lebenswelt in die Eiswüste der Abstraktion, bis zur Null bzw. bis zum Rechnen mit der

Null bzw. bis zum Rechnen mit Null/Eins. Diese De-
Eskalation hat etwas Zwangsläufiges und Irreversibles.
Deshalb kann man nicht ohne Weiteres zurück. Mit
dem gehörigen Abstand betrachtet sieht das Ganze aus
wie eine Opfergeschichte, wie eine kollektive Opfer-
handlung unter Schockwirkung. Nietzsche nannte es
die dritte religiöse Grausamkeit: Selbstopfer des trium-
phalen menschlichen Geistes, der sich zuvor alles: den
Körper, das Bild, die Schrift zum Opfer seines Kalküls
gemacht hatte. Auch aus der Nähe und in Betracht der
Einzelheiten der Dimensionen und ihrer Übergänge
zeigt sich manches Unerwartete. Zumindest wäre Folgendes festzuhalten: Das Schreiben ist immer unbere-

chenbar; das Sehen ist immer unbeschreiblich; das
Hören berührt das Unsichtbare; das Spüren ist uner-
hört. Nach dem Muster des „Gartens der Pfade, die
sich verzweigen" (Borges) muß man im Sprung vor die
Entscheidungen zurück, die zu schiefen und unhaltba-
ren Alternativen geführt haben. Das ist die Rückkehr
stromauf des Körper-Denkens, das damit in seiner ele-
mentaren Schwierigkeit vor aller Augen liegt.

Ich übernehme einen Fingerzeig, wie das Unternehmen
dennoch zu bewerkstelligen sei. Flusser hat viel über
Hände meditiert, und zwar über die Hände, wie sie
durch die anfängliche Aufrichtung des homo sapiens
sapiens freigesetzt worden sind. Für ihn hat die Kör-
per-Metapher der befreiten Hände von Anfang an einen
solchen Vorsprung erlangt, daß alle kommenden Funk-
tionalisierungen der Geschichte nicht herangereicht

haben; nicht der Handel, nicht die Handlungen, gewiß nicht die Arbeit, vielleicht das Schreibenkönnen, das eine der kompliziertesten Bewegungen überhaupt ist. Flusser lenkt den Blick auf das Spiel der Hände im Begreifen.

„Eine tatsächlich menschlich gewordene Hand arbeitet nicht, sondern sie begreift, um nicht arbeiten zu müssen. Geblendet von Arbeitsmoral fürchten die meisten von uns Arbeitslosigkeit und Vollautomation: Wir sind tief heruntergekommene, niederträchtige Affen."
(Vilém Flusser, *Vom Subjekt zum Projekt. Menschwerdung*, S. 246). Könnte es nicht sein, daß die menschliche Hand das Modell des Zusammenhangs der vier Dimensionen ist (Punkt, Linie, Fläche, Raum bzw. Zeit, Schrift, Bild, Körper), die ihrerseits, jeweils einzeln, mit der Zeit konfrontiert sind, wie die Finger mit dem Daumen? Das Modell, an dem sich der aufgerichtete Mensch seine Situation in der Welt klarmachen kann? Könnte es nicht sein, daß mit der Hand, die frei wurde vom Stützen des Körpers, das Zählen begann, aber auch das Schreiben, das Sehen, das Tasten? Bis drei, bis fünf zählen; schreiben, und lesen des Geschriebenen durch Nachschreiben; sehen vom Unsichtbaren her; tasten und spüren, blind, wenn es sein muß? Könnte es nicht sein, daß die Knöchel der Faust noch etwas anderes demonstrieren als den kalendarischen Ablauf der Monate eines Jahres, nämlich die Verbindung der Dimensionen durch Fleisch und Blut und ihre Trennung mittels Knochen? Und was ist mit den Handli-

nien und ihrer physiognomischen und pantomimischen Anordnung? Könnte es nicht strukturell so sein, daß das anthropologische Viereck von Zeit, Schrift, Bild und Körper durch die Zeit überspannt und gehalten wird, weil sie als Punkt im körperlichen Viereck und als Kugel, als Sphäre um das Viereck herum wirksam ist? So, daß mittels der Hände eine Zirkulation möglich wäre? Wäre das dann die als Sprache wirksame Zeit? Die sowohl punktuell, linear, flächig als auch körperlich wirksam ist?

Am Schluß des Buches, das der menschlichen Kommunikation gewidmet ist, steht tatsächlich ein Hilferuf.

Vilém Flusser fragt: „Ist Engagement für Kommunikation nicht gerade dies: andere um Hilfe rufen?" Dem geht eine große Entschiedenheit voraus: Schluß mit der empirischen und mit der transzendentalen Einsamkeit! Schluß aber auch mit dem Solipsismus einer positiv belassenen Anthropologie des Selbst! Und überhaupt Schluß mit dem Autismus der Natur- und Geisteswissenschaften zugunsten eines dialogischen Netzes der Freunde!

„Wir sind alle für Kommunikation engagiert, weil wir unser Dasein zum Tod nicht annehmen können. Wir müssen die Unsterblichkeit im anderen suchen, sollen wir das Wissen vom eigenen Tod ertragen. Aus diesem Suchen nach Unsterblichkeit ist die kodifizierte Welt (die Welt der Kultur, des Geistes, der Bedeutung, der Verneinung der Entropie) entstanden. Es geschieht aber, daß sich diese Welt so verdichtet, daß sie undurchsichtig für andere wird und daher ins Gegenteil ihres sie antreibenden Motivs umschlägt. Anstatt uns mit anderen zu verbinden, isoliert sie uns... Sie droht, ein Gefängnis statt eine Brücke zu werden. Die Stäbe, aus denen sie gebaut ist, können verhältnismäßig leicht zu Brückenformen umgebogen werden. Aber um dies tun zu können, müssen wir gelernt haben, ihre Bedeutung zu entziffern, denn sonst wird sich das Gefängnis verdichten, und zwar gleichgültig, ob wir mit dem Kopf gegen die Stäbe anrennen oder ob wir in ihrem Schatten dösen. Denn die Stäbe sind autonom geworden und vermehren sich wie die Besen des Zauberlehrlings. Die vorliegende Arbeit hat die Absicht, zur Entzifferung der uns umgebenden kodifizierten Welt beizutragen. Sie hegt keine Illusionen: Es ist eine außerordentlich schwierige Aufgabe, die Bedeutung der uns umgebenden Codes entziffern zu wollen. Denn es äußert sich in ihnen eine Daseinsform, für die wir noch nicht ,reif' sind. Sie liegen auf einer Ebene, die nur mit einem Sprung über einen vernichtenden Abgrund hinweg erreicht werden kann. Um sie zu erreichen, müssen wir die uns tragende Grundlage verlassen, ohne daß wir uns auf etwas anderes verlassen können. Wir müssen das ,Entsetzen' wagen." (Vilém Flusser: *Kommunikologie*, Frankfurt 1998, S. 230f.)

Vortrag, gehalten in Köln am 15. Juni 1999, ausgearbeitet in den Hundstagen 1999 auf dem Otzberg im Odenwald

Dietmar Kamper

1936	geb. in Erkelenz
	Studium in Köln, Tübingen, München
1959	Diplomsportlehrerexamen
1963	Promotion zum Dr. Phil.
1972	Habilitation für Erziehungswissenschaft und philosophische
	Anthropologie
1973 – 79	Professor für Erziehungswissenschaft an der Universität Marburg
seit 1979	Professor für Soziologie an der Freien Universität Berlin

Arbeitsgebiete:

Sozialisation und Erziehung; Familiensoziologie; Zivilisationstheorie, insbesondere Geschichte des Körpers; Philosophische und Historische Anthropologie; Soziologie der Imagination: Ästhetik

Veröffentlichungen:

Geschichte und menschliche Natur (1973);

Zur Geschichte des Körpers (1976);

Zur Geschichte der Einbildungskraft (1981);

Das gefangene Einhorn (1983);

Zur Soziologie der Imagination (1986);

Hieroglyphen der Zeit (1988);

Umgang mit der Zeit. Paradoxe Wiederholungen, in: W. Kaempfer: Die Zeit und die Uhren (1991);

Bildstörungen (1994);

Unmögliche Gegenwart (1995);

Abgang vom Kreuz (1996);

Im Souterrain der Bilder. Die schwarze Madonna (1997);

VON WEGEN (1998);

Die Entfernung der Körper (1999);

Jan Fabre ou l'art de l'impossible (1999).

Seit 1981 zus. mit Ch. Wulf Veranstalter internationaler transdisziplinärer

Kolloquien zur "Historischen Anthropologie".

Daraus entstandene Publikationen:

Die Wiederkehr des Körpers (1982);

Das Schwinden der Sinne (1984);

Der Andere Körper (1984);

Lachen, Gelächter, Lächeln (1986);

Das Heilige. Seine Spur in der Moderne (1986);

Die sterbende Zeit (1987);

Die erloschene Seele (1988);

Der Schein des Schönen (1988);

Das Schicksal der Liebe (1988);

Transfigurationen des Körpers (1989);

Rückblick auf das Ende der Welt (1990);

Schweigen (1992).

Institutsanschrift:

Freie Universität Berlin

Institut für Soziologie

Abt. IV: Kultursoziologie und Anthropologie

Babelsberger Str. 14-16

D-10715 Berlin

Tel. :030/85002-226/227

Fax: 0030/85002-206

e-mail: kamper@zedat.fu-berlin.de

Der Nachlaß von Vilém Flusser (1920-1991) befindet sich seit Oktober 1998 an der Kunsthochschule für Medien Köln, von Frau Edith Flusser mit einer großzügigen Geste zur Bearbeitung und Pflege anvertraut.

Der Bestand des Archives umfaßt rund 2500 Essay-, Vortrags- und Buchmanuskripte Flussers, seine umfangreichen Korrespondenzen und Publikationen. Diese Texte sind großteils in deutscher, aber auch in portugiesischer, englischer und französischer Sprache abgefaßt und mittels eines Schlagwortsystems von etwa 180 spezifischen Keywords – von Abendland über Behausung, Bit und Cyberspace bis Zweifel, von Afrika über Fuzzy Logic bis Zwischenmenschliche Beziehungen recherchierbar.

Ergänzt wird dieses vielsprachige und heterogene Werk durch Flussers Reisebibliothek, zahlreiche Bild- und Tondokumente mit Interviews, Gesprächen und Vorträgen, die zunehmende Sekundärliteratur und eine wachsende Sammlung von Diplom- und Doktorarbeiten.

Informationen über den Bestand sollen zukünftig auch über das Internet einsehbar sein.

Öffnungszeiten:

Dienstag und Donnerstag 12 – 19 Uhr und nach Vereinbarung

Wissenschaftliche Betreuung: Silvia Wagnermaier

Tel.: +++ 221-201 89 - 307

Fax: +++ 221-201 89 - 230

E-mail: flusser@khm.de

Terminvereinbarung auch über das Sekretariat der Fächergruppe

Kunst- und Medienwissenschaften.

Adresse:

Filzengraben 8-10

50676 Köln

Das _Vilém_Flusser_Archiv wird gefördert vom Ministerium für

Schule und Weiterbildung, Wissenschaft und Forschung des Landes

Nordrhein-Westfalen.

Kunsthochschule für Medien Köln

Peter-Welter-Platz 2

D-50676 Köln